## 글 안미연

연세대학교에서 공부했습니다. 어린이들을 위한 재미있는 역사책과 흥미로운 이야기책을 쓰고 있습니다.
역사책으로는 〈서울로 보는 조선〉, 〈경주로 보는 신라〉, 〈지도로 보는 우리 역사〉, 〈김해·고령으로 보는 가야〉 등 '펼쳐 보는 우리 역사 시리즈',
〈은비는 암행어사?〉, 〈우정총국의 밤〉, 〈이상한 배가 나타났다〉, 〈갑신정변을 성공시킨다고?〉, 〈판타스틱 역사 클럽〉,
이야기책으로는 〈게임 없이는 못 살아〉, 〈집 바꾸기 게임〉, 〈또박또박 반갑게 인사해요〉, 〈화내지 말고 예쁘게 말해요〉들이 있습니다.

## 그림 정경아

어려서부터 애니메이션과 일러스트를 무척 좋아했습니다. 10여 년 동안 그림을 그렸고, 지금은 일러스트레이터로 꿈을 이뤄 가고 있습니다.
그린 책으로는 〈경주로 보는 신라〉, 〈연표로 보는 우리 역사〉, 〈조선: 임진왜란에서 농민 봉기까지〉, 〈김해·고령으로 보는 가야〉,
〈오공이 학교에 가다〉, 〈거짓말 학원〉, 〈뻔뻔한 가족〉, 〈도깨비 저택의 상속자〉, 〈벼락 맞은 리코더〉들이 있습니다.

## 감수 김창겸

성균관대학교 대학원에서 한국 고대사를 전공하여 문학 박사 학위를 받았습니다.
한국학중앙연구원 수석 연구원, 신라사학회 회장, 문화재청 문화재 위원회 전문 위원을 지냈습니다. 지금은 김천대학교 교양학과 교수입니다.
〈한국민족문화대백과사전〉, 〈한국향토문화전자대전〉, 〈세계한민족문화대전〉 편찬 연구 책임자였으며, 연구 저서는 〈흥무대왕 김유신 연구〉,
〈신라와 바다〉, 〈신라 하대 국왕과 정치사〉, 〈신라 하대 왕위 계승 연구〉, 〈한국 왕실 여성 인물 사전〉, 〈일제 강점기 언론의 신라상 왜곡〉,
연구 논문은 〈강수와 신라 사회〉들이 있습니다.

# 벽화로 보는 고구려

**초판 1쇄 발행** | 2022년 3월 25일

**글쓴이** | 안미연 **그린이** | 정경아 **감수자** | 김창겸
**펴낸이** | 조미현 **책임편집** | 황정원 **디자인** | 김수현

**등록** | 1951년 12월 24일 · 제10-126호
**주소** | 04029 서울시 마포구 동교로12안길 35
**전화** | 02-365-5051 · **팩스** | 02-313-2729
**전자우편** | child@hyeonamsa.com **홈페이지** | www.hyeonamsa.com
**페이스북** | www.facebook.com/hyeonami **블로그** | blog.naver.com/hyeonamsa **트위터** | twitter.com/hyeonami

ⓒ 안미연, 정경아 2022

ISBN 978-89-323-7561-8 73900

* 이 책은 저작권법에 따라 보호를 받는 저작물이므로 저작권자와 출판사의 허락 없이 이 책의 내용을 복제하거나 다른 용도로 쓸 수 없습니다.
* 책값은 뒤표지에 있습니다. 잘못된 책은 바꾸어 드립니다.
* 현암주니어는 (주)현암사의 아동 브랜드입니다.

**제품명** 도서 | **제조년월** 2022년 3월 | **제조자명** (주)현암사
**주소** 서울시 마포구 동교로12안길 35 | **전화** 02-365-5051
**제조국명** 대한민국 | **사용연령** 10세 이상
**주의사항** 책 모서리에 부딪히거나 종이에 베이지 않도록 주의해 주세요.
* KC 마크는 이 제품이 공통안전기준에 적합하였음을 의미합니다.

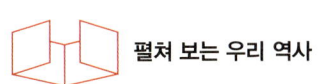
펼쳐 보는 우리 역사

# 벽화로 보는 고구려

글 안미연 | 그림 정경아 | 감수 김창겸

현암주니어

# 주몽이 연 고구려 시작

### 알에서 나온 주몽

광개토 대왕비 첫 줄에, 고구려를 연 주몽은 하늘의 아들이며 어머니는 물의 신 하백의 딸로, 알에서 성스럽게 태어났다고 새겨졌어요. 고구려 사람들이 1600여 년 전에 직접 쓴 주몽의 기록이에요. 〈삼국사기〉에도 주몽의 이야기가 있어요. 하백의 딸 유화가 하늘의 신 해모수를 만나 임신해 큰 알을 낳았어요. 부여의 금와왕이 괴이하게 여겨 알을 버렸지만 동물들조차 모두 피해 갔어요. 알은 깨지지도 않았어요. 하는 수 없이 알을 돌려주자 유화는 알을 따뜻한 곳에 두었어요. 그러자 사내아이가 알을 깨고 나왔어요. 그 아이가 바로 주몽이에요.

### 시기, 질투를 받은 주몽

주몽이 일곱 살이 되자 스스로 활과 화살을 만들었고, 백 번을 쏘면 백 번을 맞혔어요. 그래서 이름도 '활 잘 쏘는 사람'이라는 뜻의 주몽이에요. 금와왕의 일곱 아들들이 주몽과 겨뤘지만 늘 주몽에 못 미쳤어요. 금와왕의 큰아들이 "주몽은 지나치게 용맹스러워 근심거리가 될 수 있으니 없애야 합니다."라고 말했어요. 금와왕은 주몽에게 말 기르는 험한 일을 시켰어요. 그러던 어느 날 왕자들과 사냥을 하는데, 주몽에게는 화살을 적게 주어도 다른 사람보다 더 많은 짐승을 잡았어요. 그러자 왕자들과 신하들은 기어이 주몽을 해할 음모를 꾸몄어요.

### 부여를 떠나는 주몽

어머니 유화가 음모를 알아채고 주몽에게 떠나라고 했어요. "너의 재주와 꾀라면 어디에서든 큰일을 할 수 있다. 여기서 해를 당하기보다는 멀리 가 큰일을 이루어라." 하며 곡식의 씨앗을 주었어요. 주몽은 오이, 마리, 협보와 함께 부여를 떠났어요. 주몽의 무리가 강을 만나자 "난 하늘 신 아들이요, 물 신 외손자다. 나를 쫓는 이들을 피하려는데 어찌하면 좋을꼬!" 하고 말했어요. 그때 물고기와 자라가 떠올라 다리를 만들었어요. 주몽이 강을 건너자 물고기와 자라들은 흩어져 바로 들이닥친 추격병은 강을 건너지 못했어요.

### 강한 나라 고구려를 연 주몽

주몽을 따르는 무리들이 더 많이 생겼어요. 졸본에 다다르니 땅이 기름지고 산의 모양새가 험해서 적을 막기에 알맞아 도읍으로 삼았어요. 나라 이름을 고구려라고 했어요. 자신의 성은 '고'씨라고 했어요. 주몽은 주변 나라들을 항복시켜 영토를 넓혔어요. 그러다 마흔 살에 아들 유리에게 왕의 자리를 물려주고 세상을 떠났어요. 광개토 대왕비에는 '용을 타고 하늘로 올라갔다.'고 주몽의 죽음을 기록했어요. 신비한 신화로 시작된 고구려는 700여 년 동안 동북아시아에서 가장 강한 나라, 뛰어난 문화와 기술을 지닌 역사로 이어졌어요.

## 고구려의 기틀을 다지는 왕들

주몽, 동명 성왕이 문을 연 고구려는 다음 왕으로 이어지면서 차근차근 나라의 기틀을 다지고 고대 국가로 나아가기 위한 노력을 이어 갔어요. 고구려가 동아시아에서 중심 나라가 되기 위한 발걸음이 시작되었어요.

### 두 번째 왕, 부러진 칼과 유리왕

주몽이 급히 떠난 뒤 부여에 남은 부인은 아들 유리를 낳았어요. 유리는 아버지가 없다고 업신여김을 당했어요. 유리는 어머니에게 아버지가 누구냐고 물었어요. "너의 아버지는 뛰어난 분인데 시기를 받아 떠나야 했다. 아버지가 칠각형 돌 위에 선 소나무 밑에 징표를 뒀다고 했다. 그것을 찾는 아이가 자신의 아이라고 했지." 그날부터 유리는 아버지의 징표를 찾았어요. 꽤 오랜 뒤, 그날도 징표를 찾던 유리가 지쳐 돌아와 마루에 주저앉았어요. 그 순간 '비걱' 소리가 났어요. 소리는 기둥과 주춧돌 사이에서 났어요. 주춧돌은 칠각형이고 기둥은 소나무였지요. 유리는 그 사이에서 부러진 칼 조각을 찾아냈어요. 주몽은 자신의 칼을 두 동강 내, 한쪽을 갖고 나머지 한쪽을 여기에 두었지요.

아버지의 징표를 찾은 유리는 어머니와 함께 고구려로 가 아버지를 만났어요. 칼을 맞춰 본 주몽은 기뻐하며 유리를 태자로 삼았어요. 유리는 주몽의 뒤를 이어 고구려의 두 번째 왕이 되었어요. 유리왕은 영토를 넓히는 데 힘을 쏟았어요. 서기 3년에 도읍을 땅이 넓은 국내성으로 옮겼어요. 외세의 위협에서 멀어지고 압록강 주변의 세력을 통제하기 좋았기 때문이에요. 이로써 유리왕은 국가 체제를 정비하여 고구려의 바탕을 다졌어요.

### 세 번째 왕, 총명한 대무신왕

고구려의 세 번째 왕 대무신왕은 유리왕의 셋째 아들로 어려서부터 총명하기로 소문났어요. 광개토 대왕비에 대무신왕은 나라의 기틀을 다졌다고 새겨졌어요. 대무신왕이 다진 나라의 기틀 위에 6대 태조왕에 이르러서는 이웃의 옥저를 정복하고 영토를 더 넓혀 부강한 나라가 되었어요. 왕의 자리가 안정되게 이어지고 중앙 집권 체제를 정비하여 고대 국가를 완성해 갔어요.

**나라 기틀 다지기**

## 하늘의 아들이 세운 나라, 고구려

하늘 신, 물 신의 자손으로 신비하게 태어난 주몽은 '부여'에서 남쪽으로 내려왔어요. 졸본 지역에 와서 도읍을 세웠어요. 광개토 대왕비에는 '홀본'이라고 써 있어요. 졸본 지역은 혼강을 끼고 있어 농사짓기에도 좋은 곳이었어요. 졸본성은 지금의 오녀산성이라고 짐작해요. 800미터 높이의 산 꼭대기에 남북으로 약 1000미터, 동서로 약 300미터인 넓고 평평한 땅이 있어 그곳에 오녀산성을 쌓았어요. 북쪽으로는 가파른 절벽이 있어 적의 침입을 막기에 아주 좋은 환경이에요. 동서쪽과 남쪽에는 넓고 튼튼한 돌로 성벽을 쌓았어요. 주몽은 이곳에 새로운 나라를 세웠어요. 드디어 하늘의 아들 주몽의 나라, 고구려가 열렸어요.

### 활을 잘 쏘는 사람, 주몽

고구려 사람들은 무덤 안에 많은 벽화를 그렸어요. 해와 달과 별, 사람과 신, 동물과 식물, 놀이 모습 등 셀 수 없이 많은 그림이 있어요. 고구려 사람들의 손길이 닿은 벽화는 고구려 사람들의 삶과 생각을 알려 주어요. 벽화 속에서 말을 타고 활을 쏘는 그림을 보면 말발굽 소리, 화살이 바람을 가르는 소리가 들리는 듯해요. '활 잘 쏘는 사람' 주몽이 처음 고구려를 연 시간으로 달려가는 듯해요.

## 국상 을파소와 고국천왕

아홉 번째 왕 고국천왕은 키가 커 웅장하고 힘이 셌다고 해요. 너그러우면서 판단도 정확했다고 해요. 고국천왕은 개혁을 시작했어요. 개혁을 위해 새 인재를 뽑았어요. 시골에서 농사짓던 을파소를 사람 됨됨이만 보고 국상의 자리에 앉혔어요. 국상은 왕 다음으로 높은 자리예요. 다른 신하들은 왕이 을파소만 편애한다고 모함했어요. 고국천왕은 "국상에게 복종하지 않는 자는 친족까지 벌을 주겠다." 하며 을파소를 굳게 믿고 힘을 실어 주었어요. 을파소를 잘 아는 사람들은 이런 왕의 믿음에 고개를 끄덕였어요.

농부였던 을파소는 백성들이 햇곡식이 나기 전, 봄에는 먹을 것조차 없다는 것을 잘 알았어요. 그래서 '진대법'을 마련했어요. 진대법이란 봄에 나라에서 곡식을 빌려주고 가을에 추수하면 갚는 제도예요. 덕분에 많은 백성들이 굶주림에서 벗어날 수 있었어요. 이런 좋은 정치를 하자 시기하던 무리들도 결국 을파소를 따랐어요. 그래서 그가 죽자 왕과 온 백성이 함께 통곡했다고 해요.

## 한의 세력을 몰아낸 미천왕

왕족이었지만 쫓겨나 숨어 지내며 소금 장수까지 했던 미천왕은 왕이 되자 능력을 발휘했어요. 중국 한은 고조선을 멸망시키고 그 땅에 군현을 두었어요. 미천왕은 그때까지 남아 있던 한의 세력을 몰아내는 데 힘을 쏟았어요. 현도군을 공격하고 낙랑군을 점령했어요. 낙랑군을 고구려 땅으로 만들어 대동강 유역을 차지해 해외로 쉽게 나가는 문을 열었어요.

## 백제의 화살에 죽은 고국원왕

미천왕의 뒤를 이은 고국원왕도 영토를 넓히고 강한 고구려를 만드는 노력을 했어요. 그러다 한강을 중심으로 힘을 키운 백제가 북쪽으로 진출하면서 고구려와 전쟁을 벌였어요. 이 전쟁에 직접 나가 싸우던 고국원왕은 백제의 화살을 맞고 죽음을 맞이했어요.

한 세력 몰아내기    강한 고구려 만들기

# 광개토 대왕의 대영토

## 광개토 대왕, 담덕이 왕이 되다

'광개토'라는 이름은 죽은 뒤에 붙여진 이름이에요. 원래 이름은 '담덕'이에요. 담덕은 태어날 때부터 체격이 컸고, 자라면서 생각이 범상치 않았다고 해요. 열여덟 살에 왕의 자리에 올라 20여 년 동안 고구려의 영토를 크게 넓혔어요.

### 거란을 물리치다

거란은 고구려 변방을 넘어와 고구려 백성들을 해치고 잡아갔어요. 광개토 대왕은 왕의 자리에 오르자 거란부터 정벌해, 잡혀간 백성들을 데려왔어요. 헤아릴 수 없이 많은 가축들도 가져왔어요. 또한 소금이 나는 강을 점령해 큰 이익을 얻었어요.

### 백제를 공격하다

광개토 대왕은 직접 수군을 이끌고 백제를 공격했어요. 아리수, 지금의 한강을 건너 백제의 성 수십 개와 마을 수백을 얻었어요. 고구려군이 바닷길로 와 아리수를 건널 거라는 생각조차 못 했던 백제는 영원히 고구려의 신하가 되기로 맹세를 하고 항복했어요.

### 왜를 몰아내다

왜(일본)가 신라로 쳐들어오자 신라 왕은 고구려에 도움을 청했어요. 광개토 대왕은 보병과 기병 5만을 보내 왜를 공격했어요. 왜는 금관가야까지 도망을 갔어요. 고구려군은 뒤를 쫓아 왜군들을 물리쳤어요.

### 요동을 차지하다

광개토 대왕은 요동성을 차지하고 서쪽, 북쪽, 남쪽으로 영토를 넓혔어요. 정복한 성이 64개, 1400개의 마을이었다고 광개토 대왕비에 새겨져 있어요. 이렇게 해서 고구려의 영토는 랴오허에서 임진강에 이르렀어요.

## 천하의 중심 나라, 고구려

광개토 대왕은 다른 나라를 정복했다고 짓밟지 않았어요. 백제를 공격했을 때도 백제를 멸망시키지 않고 신하로 삼고 돌아왔어요. 왜의 공격을 받은 신라도 신하의 나라라고 여겨 군사를 보내 구했어요. 광개토 대왕은 동북아시아, 한반도의 여러 나라들이 고구려를 중심으로 함께 번영하고 평안하게 살기를 원했어요.

## 영원히 평안한 나라가 되기를

광개토 대왕은 우리 역사에서 처음으로 연호 '영락'을 썼어요. 연호란 왕이 즉위한 해를 1년으로 삼고 햇수를 세는 것이에요. 영락은 영원한 즐거움이라는 뜻이에요. 광개토 대왕비에도 '그 은혜와 혜택이 하늘에까지 이르렀고, 위엄과 무공은 온 세상에 널리 퍼졌다. 백성들이 살아가는 일을 평안하게 해, 나라가 부유하고 오곡이 풍성하게 무르익어 백성들은 넉넉했다.'고 새겨져 있어요. 고구려 영토를 크게 넓힌 광개토 대왕은 413년 서른아홉 살에 백성들의 영원한 평안을 기원하며 죽음을 맞이했어요.

## 교과서 돋보기

## 동아시아의 최강국으로 우뚝 서는 고구려

광개토 대왕이 거침없이 정복에 나선 힘은 나라가 안정되었기 때문이에요. 바로 소수림왕 덕분이지요. 소수림왕은 학문과 법으로 나라를 다스리고자 했어요. 광개토 대왕의 뒤를 이은 장수왕은 아버지의 뜻을 이어받아 남쪽으로 영토를 넓히는 남진 정책을 폈어요. 소수림왕, 광개토 대왕, 장수왕으로 이어지는 고구려의 전성기가 활짝 열렸어요.

### 광개토 대왕의 바탕이 된 소수림왕

소수림왕은 체격이 크고 튼튼했으며 지략이 뛰어났다고 전해져요. 소수림왕은 고구려를 튼튼하게 세우는 데 힘을 쏟았어요. 불교를 나라의 종교로 삼고, 학교를 세워 인재를 키우며, 법을 정했어요. 소수림왕이 나라 안을 안정시켜서 그 뒤를 이은 광개토 대왕과 장수왕이 최대의 영토를 이룩할 수 있었어요.

### 왕이 곧 부처다, 불교를 수용하다

고구려에 이미 불교가 들어와 있었지만 나라에서는 불교를 인정하지 않았어요. 소수림왕은 불교를 나라의 종교로 삼았어요. 중국 동진에서 승려 아도가 오고, 전진에서 순도가 왔어요. 두 승려는 각각 절을 세우고 불교를 널리 알렸어요. 소수림왕은 불교로 백성들의 마음을 모아 나라의 힘이 왕을 중심으로 모이게 해 중앙 집권을 이루었어요.

### 최초 국립 학교, 태학을 세우다

소수림왕은 '태학'이라는 학교를 세웠어요. 태학은 최고의 국립 교육 기관으로 높은 관리들, 귀족의 아들들이 다녔어요. 태학은 남아 있는 기록으로 봤을 때 우리 역사의 최초 학교예요. 태학에서는 유학과 무예를 가르쳤어요. 유학은 나라에 대한 '충'을 중요하게 생각하는 학문이에요. 나라와 왕에 충직한 인재를 길러 내니 이 또한 중앙 집권 국가를 이룩하는 힘이었어요.

### 청소년 학교, 경당이 생기다

경당도 생겼어요. 경당에서도 유학과 활쏘기 같은 무예를 배웠어요. 중국의 역사책에서 '고구려는 책을 아낀다. 큰길에 큰 집을 짓고 경당이라고 했다. 청소년들이 이곳에서 밤낮으로 책을 읽고 활쏘기를 익혔다.', '고구려 사람들은 학문을 좋아했다. 서로 학문을 권하였다. 경당에서는 경전을 읽고 활쏘기를 익혔다.'고 기록했어요. 열심히 공부하고 무예를 기르는 고구려 청소년들은 중국까지도 알려졌어요.

### 법으로 나라를 다스리다

소수림왕은 법질서를 새롭게 세웠어요. 이전에는 때에 따라서, 상황에 따라서 달라지는 법, 죄를 지은 사람을 벌하는 아주 기초 법만 있었어요. 소수림왕은 제대로 된 법을 정하고 나라 전체에 널리 알렸어요. 고구려는 법으로 다스려지는 나라가 되었어요. 이로써 중앙 집권을 이룩하고 왕권을 강화할 수 있었어요.

### 나라의 힘이 모이는 중앙 집권 국가

먼 옛날에는 여러 개의 작은 나라가 있고 그 가운데 힘이 센 집단의 우두머리를 왕으로 삼는 연맹 왕국이 있었어요. 왕은 다만 대표일 뿐이고 나라의 중요한 일은 연맹 회의에서 정했어요. 연맹 왕국 가운데 고구려, 백제, 신라가 중앙 집권 국가로 발전했어요. 율령이라는 법을 세우고, 불교를 받아들이고, 왕의 자리가 아버지에서 아들로 내려가는 질서를 세우면서 나라의 힘이 왕에게 모이는 중앙 집권 국가가 되었어요.

## 아주 훌륭한 태왕, 광개토 대왕

우리 역사에서 왕 중의 왕, '태왕'은 바로 광개토 대왕이에요. 광개토 대왕비에는 고구려의 시작과 발전, 광개토 대왕의 업적을 시간 순서대로 기록했어요. 광개토 대왕비의 네 면을 빼곡하게 채운 글자 가운데 '국강상광개토경평안호태왕(國岡上廣開土境平安好太王)'이란 글자가 뚜렷하게 보여요. '국강상'은 광개토 대왕이 묻힌 곳이고, '광개토경'은 영토를 크게 넓혔다는 뜻이에요. '평안'이란 백성을 평안하게 한, '호태왕' 왕 중에서도 좋은 왕이라는 뜻이에요. 이름처럼 광개토 대왕은 영토만 넓힌 것이 아니라 백성의 평안을 이룩한 왕, 아주 훌륭한 왕이에요.

### 영원을 기록한 광개토 대왕비

광개토 대왕은 우리 역사에서 가장 넓은 영토를 이룩했던 왕이에요. 그의 아들 장수왕은 아버지의 업적을 온 세상에 알리고 자손들이 기억하도록 광개토 대왕비를 세웠어요. 6미터가 넘는 큰 돌에 1770자가 넘는 글자가 새겨져 있어요. 고구려 사람들이 직접 기록한 단 하나의 고구려의 역사예요. 광개토 대왕비는 이처럼 큰 비석을 세울 수 있었던 고구려의 힘과 기술뿐만 아니라, 빼어나게 아름다운 글씨로 고구려의 문화 예술의 수준까지 느낄 수 있어요.

### 아버지의 뒤를 잇는 장수왕

장수왕의 이름은 98세까지 장수하여 죽은 뒤에 붙여진 이름이에요. 광개토 대왕의 아들로, 이름은 '거련'이에요. 아버지 광개토 대왕이 죽자 스무 살에 고구려의 20대 왕이 되었어요. 78년 동안 왕의 자리에 있으면서, 중국과 북쪽 여러 나라와 영리한 외교를 통해서 고구려 서쪽을 안정시켰어요. 소수림왕 때부터 시작되었던 왕권 강화와 중앙 집권 체제도 이룩했어요. 광개토 대왕비를 세워, 고구려의 신성함과 광개토 대왕의 업적을 알렸어요.

### 평양으로 도읍을 옮기다

장수왕은 도읍을 압록강변 국내성에서 대동강변의 평양성으로 옮겼어요. 광개토 대왕 때 넓어진 영토와 많아진 백성들을 잘 다스리기 위해서는 더욱 강한 왕의 힘이 필요했기 때문이에요. 장수왕은 국내성에 기반을 둔 귀족 세력을 약화시켜 왕의 힘을 강하게 하고, 조정을 새롭게 정비하기 위해서 도읍을 옮겼어요. 고구려는 더욱 강한 나라로 발돋움했어요. 그 뒤 장수왕은 남쪽으로 나아가려는 남진 정책을 폈어요.

### 장수왕의 스파이, 도림

장수왕은 백제에 도림이라는 승려를 스파이로 보냈어요. 겉으로는 죄를 짓고 백제로 도망 온 듯이 꾸몄어요. 도림은 바둑을 좋아하는 개로왕 가까이 가 믿음을 얻었어요. 도림은 백제 왕의 권위를 세우려면 궁궐을 더 크게 짓고 성곽을 높이 쌓으라고 개로왕을 꼬였어요. 큰 공사를 벌이자 백제 백성들의 불만이 높아지고 나라의 살림은 어려워졌어요. 이 틈을 타 도림은 고구려로 돌아가 장수왕에게 백제의 사정을 알렸어요.

### 드디어 아리수를 넘은 고구려군

마침내 장수왕은 백제 공격에 나섰어요. 여든 살이 넘은 나이에 직접 군사 3만을 이끌었어요. 할아버지 고국원왕의 원수를 갚고, 아리수 남쪽까지 영토를 확장하여 한반도에 대한 영향력을 키우기 위해서였어요. 백제는 왕이 죽고, 도읍 한성을 내주고 웅진으로 천도를 해야 했어요. 고구려는 서해 바다의 해상권을 장악하게 되었고, 백제가 중국과 교류하는 것을 막게 되었어요.

### 고구려 최대의 영토를 만들다

광개토 대왕 때에는 신라가 왜의 공격을 받자 군사를 보내 주었고, 신라는 고구려의 신하로 좋은 관계를 이어 갔어요. 그러다 장수왕 때 신라가 백제와 손을 잡자, 장수왕은 신라 북쪽을 공격해 여러 개의 성을 빼앗았어요. 장수왕 때에 이르러서 고구려는 서쪽은 랴오허, 동쪽은 훈춘, 북쪽은 개원, 남쪽은 아산만에서 죽령에 이르는 영토를 차지하게 되었어요.

### 고구려의 흔적, 충주 고구려비

충주에 있는 충주 고구려비는 지금 우리나라에 남은 단 하나의 고구려비예요. 광개토 대왕비보다 훨씬 작지만 돌기둥 네 면에 글을 새긴 모양은 비슷해요. 충주 고구려비는 고구려가 남쪽 충주 지역까지 진출했다는 것을 확실히 알 수 있는 증거예요. 특히 고구려군이 신라 영토 안에 주둔했으며 고구려 옷을 신라 왕에게 내렸다는 글이 있어요. 고구려가 주변 나라의 중심이라는 천하관을 읽을 수 있어요.

# 철벽 같은 고구려의 성

### 성과 성의 합동 작전

고구려는 튼튼한 성을 나라 곳곳에 촘촘히 두었어요. 큰 성을 중심으로 작은 성을 배치했어요. 그 이유는 한 성이 공격을 받으면 다른 성의 보병들이 성을 지키고, 기병들은 출병해서 적을 뒤에서 치거나 무기와 식량을 보급받는 길을 차단하는 전술을 쓰기 위해서예요. 적들은 하나의 성을 치지 못하면 다음 성을 공격할 수 없었어요.

### 적의 공격을 막는 특별한 장치들

고구려 성은 고구려 사람들의 지혜가 담겨 있어요. 성벽 돌은 옥수수 낱알처럼 앞보다 뒤가 좁은 쐐기돌로 쌓았어요. 그 사이에 이중으로 돌을 끼워 무너지지 않게 했어요. 위로 갈수록 점점 돌을 안으로 들여쌓는 퇴물림쌓기로 안정감도 있어요. 또 성벽 중간에 튀어나온 장치 '치'를 두어 적을 가운데로 몰아 세 방향에서 공격할 수 있게 했어요. 성문 앞에 반원으로 쌓은 옹성이나 어긋나게 쌓은 어긋문은 적의 공격 속도를 떨어뜨리고 여러 방향에서 반격할 수 있도록 했어요.

### 성이 있어 가능한 잉어 계책

대무신왕 때, 중국 한이 많은 군대를 이끌고 고구려를 침략했어요. 왕이 어찌할지를 신하들에게 묻자, 재상 을두지가 적은 군대로 많은 적을 물리치기 힘드니 성으로 들어가 버티자고 했어요. 고구려는 높은 곳에 있는 산성 위나암성으로 들어가 문을 잠갔어요. 하지만 한의 군사는 수십 일이 지나도 물러나지 않았어요. 오히려 성안의 물이 모자라 고구려가 지치기 시작했어요. 다시 을두지가 나섰어요. 성안 연못의 잉어를 물풀에 싸서 선물하자고 했어요. 성안에 물이 전혀 부족하지 않다고 속이기 위한 계책이었어요. 선물을 받은 한의 장수는 고구려 성안에 물이 많으니 아무리 기다려도 성을 함락하기 어렵겠다고 판단하고는 스스로 물러갔어요. 튼튼한 성안에서 방어하면서 슬기로운 꾀로, 백성들을 다치지 않게 하면서도 많은 수의 적을 물리쳤어요.

### 들판을 불태우고 성을 지킨 청야입보

고구려는 늘 전쟁을 대비하고 있었어요. 여기에 고구려의 지혜가 빛나는 '청야입보' 전술은 대군을 이끌고 오는 중국의 왕들을 당황하게 했어요. 청야입보란 '깨끗할 청(淸)', '들판 야(野)', '들어갈 입(入)', '지킬 보(保)'라는 한자 말이에요. 적에게 식량이 될 수 있는 성 밖 들판의 곡식을 불태워 깨끗하게 없애고, 물을 구할 수 있는 우물까지 메운 뒤, 높은 곳에 있는 산성으로 들어가 지킨다는 뜻이에요. 청야입보 전술은 수가 침략했을 때도, 당이 쳐들어왔을 때도 썼어요. 수는 엄청난 군대를 이끌고 여러 번 쳐들어왔지만, 청야입보 전술을 펴며 요동성으로 들어간 고구려를 단 한 번도 이길 수 없었어요. 당이 침략했을 때도 들을 비우고 안시성 안에서 버티는 고구려를 몇 달이나 함락시키지 못했어요.

교과서 돋보기

## 백만 대군이 고구려로 향하다

누구도 넘볼 수 없게, 지혜를 모아 쌓은 철옹성 고구려를 넘보는 나라가 있었어요. 여러 나라로 나뉘었던 중국을 통일한 '수'예요. 수는 고구려에게 신하의 나라가 되라고 했어요. 하지만 고구려는 머리를 숙이지 않았어요. 기어이 수는 엄청나게 많은 군대를 이끌고 고구려를 쳐들어왔어요.

### 세계 역사에서 가장 많은 군대의 침입

수의 군대 30만이 처음 고구려를 쳐들어왔어요. 고구려의 반격과 병이 퍼져 그냥 돌아갔어요. 4년 뒤, 612년에 100만이 넘는 군대를 이끌고 수가 다시 쳐들어왔어요. 수에서 군대가 출발하는 데 40일이 걸렸고, 군대의 길이가 무려 400킬로미터나 되었다고 해요. 그때까지 세계 역사에서 최대 병력이었고, 19세기까지도 이 정도 군대가 동원된 적이 없을 정도로 엄청난 수였어요.

### 100만 대군을 막는 요동성

고구려는 수의 군대가 랴오허강을 건너지 못하게 막았어요. 하지만 엄청난 수의 군대를 막기는 힘들었어요. 고구려는 요동성을 지키는 작전으로 바꿨어요. 모든 백성들은 성안으로 피하고 청야입보 전략을 폈어요. 성안에는 물도 있고 집도 있어 고구려군은 오랜 시간 버틸 수 있었어요. 수많은 수의 군대가 포위하고 공격해도 요동성은 무너지지 않았어요. 시간이 점점 지나면서 수의 식량은 바닥나고 군사들은 지쳐 갔어요.

### 30만의 별동대와 을지문덕

초조해진 수는 30만의 별동대로 평양성을 먼저 치기로 했어요. 고구려 사령관 을지문덕은 수의 작전과 전력을 알아챘어요. 을지문덕의 지략으로 살수에서 수의 군대를 포위하고 공격하자 수의 군대는 흩어지고 죽었어요. 살수 대첩에서 패배하고 힘을 잃은 수는 결국 돌아갈 수밖에 없었어요.

### 고구려 침략으로 멸망한 수

그다음 해에 수는 또 쳐들어왔지만 지난 전쟁과 다를 바 없었어요. 결국 또 돌아서야 했고, 퇴각하는 수를 공격한 고구려는 큰 승리를 이루었어요. 수는 엄청난 대군을 이끌고 몇 번이나 고구려를 공격했지만 단 한 번도 이기지 못했고, 얼마 지나지 않아 멸망하고 말았어요. 수 양제의 무덤 비석에 '요동에서 일을 벌이다 천하를 잃었다.'고 새겨졌어요.

# 뛰어난 '지혜'로 쌓은 고구려 성

고구려 사람들은 산성을 쌓을 때 산이 많은 우리의 자연을 지혜롭게 이용했어요. 험한 산이나 절벽을 이용해 힘을 덜 들여 성을 쌓았고, 적이 공격하기에도 어렵게 했어요. 성벽은 돌을 아래에서 위로 점점 안쪽으로 물러나게 쌓아 쉽게 무너지지 않게 했어요.

산성은 적의 공격이 있을 때, 오랜 시간 지낼 수 있도록 평평한 땅이 있으며 계곡이나 우물이 나와 물을 구할 수 있는 곳으로 잡았어요. 곡식 창고를 두어 미리 준비했으며 온돌이 있는 여러 채의 집을 지어 두었어요. 고구려의 산성은 고구려 사람들의 지혜를 모아 차곡차곡 쌓은 철옹성이었어요.

### 산성의 나라, 고구려

고구려의 산성은 수의 대군도, 당의 대군도 무너뜨리지 못했어요. 고구려의 도읍이었던 졸본성, 국내성, 평양성은 평평한 곳에 짓고 주변 산에 산성을 지어 평성과 산성이 짝을 이루는 도시였어요. 평화로울 때는 평성에 살다가, 적이 침략하면 산성으로 가 적을 막아 냈어요. 도읍뿐 아니라 요동성, 안시성처럼 튼튼한 성은 누구도 고구려를 넘볼 수 없게 했어요.

# 백만 대군도 두렵지 않았던 을지문덕의 지략

우리 역사에서 많은 전쟁이 있었어요. 그 가운데 가장 큰 승리를 거둔 전쟁은, 조선 임진왜란 때 이순신의 한산도 대첩, 고려 강감찬 장군의 귀주 대첩 그리고 고구려 을지문덕의 살수 대첩이에요. 어마어마한 수의 군대를 슬기로운 지혜로 물리친 을지문덕은 어떻게 활약했을까요?

## 거짓 항복으로 적을 살피다

엄청난 수의 군대로 요동성 하나도 함락시키지 못한 수는 초조했어요. 결국 30만의 별동대가 고구려 도읍 평양성부터 함락시키기로 했어요. 별동대가 압록강을 건넜을 때, 을지문덕은 왕에게 미리 허락을 받고 거짓으로 항복해 적진을 찾아갔어요. 적을 몰래 살피기 위해서였어요. 을지문덕은 수의 군대가 식량, 무기가 모자란다는 것을 알아챘어요. 수의 병사들은 100일치의 식량을 메고 공격에 나섰지만 너무 무거워 도중에 버린 군사가 많았으니까요. 수의 대장은 항복한 을지문덕을 실수로 죽이지 않고 돌려보냈어요.

## 잡힐 듯 잡히지 않는 을지문덕

을지문덕은 수의 별동대를 고구려 깊숙이 끌어들이는 작전을 짰어요. 일부러 계속 져 주면서 끌어들였어요. 하루에 일곱 번을 지는 척하기도 했어요. 먹을 것이 부족한데 계속 전투를 벌이며 진군한 수의 군사들은 지칠 수밖에 없었어요. 평양성에서 30리 떨어진 지점까지 별동대가 들어오자, 을지문덕은 수의 장수 우중문에게 시 한 편을 보냈어요. '그 정도면 됐으니 이제 그만 돌아가라.'며 놀리는 시였어요. 그러면서 고구려 왕이 항복을 할 것이라고 또 속였어요. 별동대는 받아들이고 돌아가기 시작했어요.

## 살수에서 무너진 수의 별동대

수의 별동대를 그냥 돌려보낼 을지문덕이 아니었어요. 살수에 이르자 을지문덕은 별동대 뒤를 쳤어요. 당황한 별동대는 무너지고 흩어져 도망쳤어요. 30만이 넘던 별동대는 겨우 2700여 명만이 살아 도망갔어요. 별동대가 참혹하게 패하자 수는 결국 자기 나라로 돌아갔어요. 살수 대첩은 고구려가 수를 물리친 결정적 승리였어요.

# 천하무적 고구려군

## 화살을 튕기는 갑옷, 찰갑

고구려에는 특별한 갑옷이 있었어요. '찰갑'이라고 해요. '조각을 이은 갑옷'이란 뜻이에요. 찰갑은 작은 쇳조각을 물고기 비늘 모양으로 잘라, 녹이 슬지 않도록 옻칠을 했어요. 이것을 가죽 끈으로 연결해 몸의 모양에 맞춰 갑옷을 만들었어요. 윗옷만도 천 개가 넘는 쇳조각들을 이어 만들었어요. 찰갑은 작은 조각들이 이어져 있어서 가벼우면서도 몸을 움직이기 편했어요. 적의 화살이 날아와도 잘 박히지 않고 튕겨 나갈 수 있는 방어력을 갖추었어요. 또한 부분이 망가져도 쉽게 조각을 바꿔 고칠 수 있는 장점이 있었어요. 고구려가 이런 찰갑을 만들 수 있는 힘은 쇠를 잘 다루는 전문가 집단이 있었기 때문이에요.

## 고구려의 비밀 병기, 등자

고구려에 관한 기록이나 고분 벽화를 보면 말을 타고 활을 쏘는 장면이 많아요. 그만큼 고구려 사람들은 말타기를 즐겼다는 뜻이지요. 고구려 사람들이 이렇게 말을 잘 타고, 안정감 있게 활을 쏠 수 있었던 것은 고구려의 비밀 병기 덕분이었어요. 바로 등자이지요. 등자는 말에 오를 때 편리할 뿐 아니라 말을 탔을 때에도 발을 받쳐 주어요. 서서 활을 쏠 수 있고, 오른쪽, 왼쪽, 뒤, 어느 방향으로도 활을 쏠 수 있어요. 고구려는 중국보다도 먼저 금속으로 만든 등자를 썼고, 유럽보다도 300여 년을 먼저 썼다고 해요.

## 고구려 최고 무기, 고강도 화살촉

고분 벽화에 나온 고구려의 무기는 다양해요. 손잡이가 둥근 모양이라서 '환도'라는 칼, 짧은 창, 도끼, 활 등이에요. 그 가운데 활은 고구려 사람들에게 가장 중요한 무기예요. 맥궁이라고 불렸던 고구려의 활은 중국에도 '좋은 활'이라고 알려졌어요. 또한 화살촉은 무척 단단해서 요즘의 강철 수준에 이른다고 해요. 모양도 길고 가늘어서 공격력이 높았어요. 이렇게 단단한 철로 무기를 만들 수 있었던 힘은 뛰어난 고구려의 제철 기술 덕분이에요.

## 날래고 용맹스러운 개마무사

'개마'란 '덮을 개(蓋)', '말 마(馬)'라는 한자 말로, 갑옷으로 덮었다는 뜻이에요. 개마무사는 투구, 목가리개, 손목, 발목까지 덮는 갑옷을 입었어요. 얼굴과 손만 빼고 다 가렸어요. 말도 얼굴에 철판으로 만든 안면갑을 씌우고 발목까지 내려오는 갑옷을 입혔어요. 개마무사는 주로 긴 창을 들고 공격했어요. 용맹한 기세로 달려가 적진을 돌파해 적의 대열을 허물어뜨렸어요. 광개토 대왕이 영토를 넓힐 때도 중요한 군대로 앞장서 큰 역할을 했어요.

**찰갑으로 무장한 개마무사**

고구려보다 몇 배가 큰 영토를 지닌 수, 당이 많은 군대를 이끌고 쳐들어왔지만 강한 고구려군은 번번이 이겼어요. 그 가운데 고구려의 기마병, '개마무사'는 그 모습만으로도 적의 기세를 눌렀어요. 찰갑을 입고 날쌔게 말을 타며 활을 쏘고 창을 휘두르는 고구려의 군대는 천하무적의 군대였어요.

## 교과서 돋보기

# 누구에게도 굴복하지 않는 하늘 자손

주변 나라들은 수나 당에 굴복했지만 고구려만은 무너지지 않았어요. 고구려의 성은 튼튼했고 찰갑으로 무장한 개마무사는 강했어요. 고구려 장군들의 지혜는 어떤 침략도 슬기롭게 이겨 냈어요. 고구려가 강한 나라가 될 수 있었던 바탕은 어떤 나라가 쳐들어와도 절대 지지 않겠다는 고구려 사람들의 의지가 있었기 때문이에요.

### 당에 대비한 천리장성

고구려와 전쟁에서 패한 수는 어지러워졌어요. 결국 수가 망하고 새로운 통일 국가, 당이 생겨났어요. 당도 수처럼 동아시아 전체를 손에 넣으려고 했어요. 고구려는 천리장성을 쌓아 당의 공격에 대비했어요. 부여성에서 비사성에 이르는 천 리를 16년이 걸려 쌓았어요. 남자는 모두 성 쌓기에 나가 여자들이 밭을 갈았다는 기록이 남을 정도로 고구려는 온 힘을 다해 성을 쌓았어요.

### 기어이 쳐들어온 당

결국 당은 고구려를 침략했어요. 수와 전쟁에서 무너지지 않았던 요동성이 무너지고 백암성, 비사성 등 여러 성이 함락되었어요. 당은 이어서 안시성을 공격했어요. 안시성 성주는 성문을 굳게 닫고 끝까지 성을 지키기로 했어요. 백성들은 식량을 가지고 가축까지 이끌고 성안으로 들어갔어요.

### 아무리 공격해도 열리지 않는 안시성

당의 군사는 줄을 타고, 사다리를 세워 성벽을 기어올랐지만 안시성의 고구려 군사가 막아 냈어요. 당은 거대한 무기로 성을 치고, 큰 돌을 날려서 성을 부수려고 했어요. 고구려군은 무너진 성을 곧바로 목책을 세워 안에서 막았어요. 당이 하루에 예닐곱 번씩 공격했지만 안시성은 끄떡하지 않았어요.

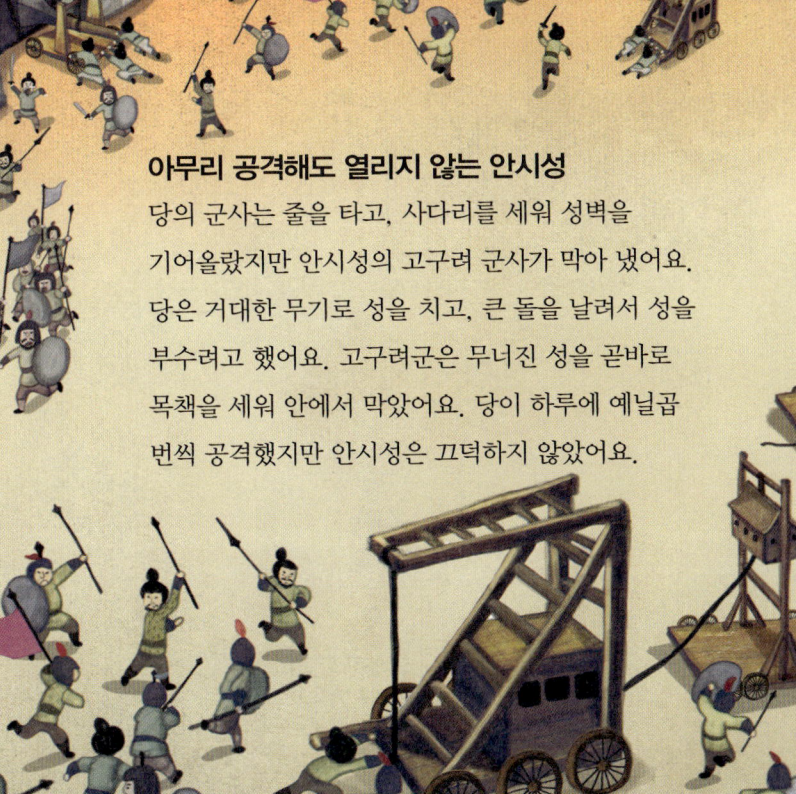

# 뛰어난 조직력을 지닌 고구려군

고구려 고분 벽화에 그려진 고구려 군사 행렬도를 보면 강한 고구려군을 알 수 있어요. 철갑옷을 입고 말을 탄 중장 기병, 철갑옷을 입고 방패로 무장한 중장 보병, 갑옷을 안 입은 경기병, 경보병, 창을 든 창수, 칼을 든 환도수, 도끼를 든 부월수, 고구려 하면 빠질 수 없는 활을 멘 궁수 등 다양한 군사들을 살펴볼 수 있어요. 이 벽화만으로도 고구려군이 저마다 맡은 역할이 있고 탁월한 전술을 펼치는 조직된 군대라는 것을 알 수 있어요.

### 안시성보다 더 높이 산을 쌓는 당

아무리 공격해도 안시성이 무너지지 않자, 당은 산을 높이 쌓아 그 위에서 내려다보며 공격하는 작전을 폈어요. 60여 일에 걸쳐 흙을 쌓았어요. 산이 완성되고 당군이 공격을 시작했는데 갑자기 산이 무너졌어요. 안시성 성주는 이 틈을 놓치지 않고 급습했고 토산을 빼앗았어요. 당이 쌓은 토산이 오히려 고구려의 방어벽이 되었어요.

### 용맹한 양만춘 장군

당의 공격에 끝까지 안시성을 지킨 성주는 누구였을까요? 역사책에는 정확하게 누구인지 나오지 않아요. 다만 고려나 조선의 책과 시에 당이 쳐들어왔을 때 안시성의 성주는 양만춘 장군이라고 했어요. 그의 슬기롭고 용맹함을 이야기했어요. 안시성 전투에서 당 태종은 고구려군의 화살을 눈에 맞았다고 해요. 고구려군의 뛰어난 활솜씨를 피하지 못했지요. 안시성은 고구려가 망한 뒤에도 당에 반대해 끝까지 저항했어요.

### 물러가는 당군

애써 쌓은 토산조차 빼앗기자 당의 사기는 완전히 떨어졌어요. 안시성을 포위한 지 3개월이 지났지만 안시성은 끄떡없고 군사들은 지쳤어요. 긴 전투에 식량도 떨어지고 매서운 추위마저 몰려왔어요. 당 태종은 부랴부랴 철군 명령을 내렸어요. 당군이 물러갈 때 안시성에는 아무도 보이지 않았어요. 잠시 뒤 한 명의 장군이 나타났어요. 안시성 성주였어요. 성주는 물러가는 당군을 향해 손을 흔들었어요. 당 태종은 그의 지략과 용맹에 고개를 숙였다고 해요.

### 당 태종이 마지막 남긴 말

중국 역사에서 당은 강한 나라였고, 당 태종은 훌륭한 왕이었다고 기록했어요. 그런 당 태종도 고구려는 이기지 못했어요. 당 태종이 죽을 때 '고구려 원정은 하지 말라.'는 말을 남겼어요. 고구려가 얼마나 강한 나라인지 직접 겪었으니까요. 조선 시대 역사책 〈동사강목〉에는 '안시성의 승리 뒤 천하가 우리를 강국으로 여겨 함부로 침범하지 못했다.'고 기록했어요.

# 무예를 즐기는 고구려

### 말 잘 타는 사냥꾼과 사냥 대회

고구려 사람들이 사냥하는 모습은 고분 벽화에 자주 등장해요. 고구려에서는 사냥 대회가 자주 열렸어요. 〈삼국사기〉에서 고구려는 '해마다 삼월 삼짇날 낙랑 언덕에서 사냥 대회를 열고, 잡은 돼지와 사슴으로 하늘과 산천 신령에게 제사를 지냈다. 이날은 왕과 함께 여러 신하와 5부의 군사들이 모두 따라갔다.'고 했어요. 고구려의 사냥 대회는 왕이 직접 참가하는 나라 전체 행사였어요. 말을 잘 타고 활을 잘 쏴 짐승을 많이 잡은 무사에게는 큰 상을 내렸다고 해요. 사냥은 고구려 사람들의 놀이이자 군사 훈련의 하나였어요. 짐승을 적으로 삼고 훈련을 했고, 사냥을 통해서 말타기, 활 쏘는 기술을 연습해 전투 능력을 키웠어요. 또한 사냥 대회는 뛰어난 인재를 뽑을 수 있는 기회이기도 했어요.

### 맨손으로 겨루는 수박희

주로 손을 써서 상대와 겨루거나 수련을 하는 우리나라 전통 무예가 수박희예요. 고구려 고분 벽화에 나오는 수박희 모습은 그림만으로도 강한 힘과 날렵함을 느낄 수 있어요. 수박희를 잘하려면 손동작과 몸놀림이 재빨라야 해요. 수박희 벽화는 고구려 사람들이 힘이 세고 무예가 뛰어난 사람을 우러러봤다는 증거이기도 해요. 수박희는 고려 시대와 조선 시대까지도 무술 훈련의 기본으로 이어졌어요. 조선 시대에도 무사를 뽑는 시험 과목에 수박희가 있었어요. 세종은 수박희를 잘하는 사람에게 특별한 상을 내렸다고도 해요. 수박희는 태껸 같은 전통 무예로 지금까지 이어져요.

### 마주 잡고 힘을 겨루는 씨름

고구려 고분 가운데 '각저총'이란 곳이 있어요. 이 고분을 각저총이라고 이름 지은 이유는, 두 사람이 마주 잡고 힘을 겨루고, 그 옆에는 심판하는 사람이 그려져 있기 때문이에요. '각저'란 바로 씨름을 뜻해요. 씨름은 우리 민족의 운동이에요. 온몸으로 겨루자면 힘이 세야 하고 기술도 뛰어나야 하며 마음도 굳세야 하지요. 무예를 높이 여기던 고구려 사람들이 씨름을 아주 좋아했다고 해요. 주몽이 고구려의 왕이 되기 전 족장으로 있을 때 다섯 족장들 시합이 있었어요. 이때도 씨름, 활쏘기, 말타기, 수박희 등을 겨뤘다고 해요.

## 고구려 인물 이야기

신의 아들로 태어난 주몽이 시작한 고구려에는 주몽의 신화처럼 신기하고 재미있는 이야기로 등장하는 인물들이 있어요.

### 호동 왕자와 낙랑의 공주

호동은 3대 대무신왕의 아들이에요. 호동의 뜻은 '아름다운 아이'예요. 잘생기고 총명하기까지 한 호동은 아버지의 사랑을 받았어요.
어느 날 호동이 옥저에 갔을 때 낙랑 왕을 만났어요. 호동이 마음에 든 낙랑 왕은 호동을 공주와 결혼시켰어요. 고구려로 돌아온 호동은 낙랑에 남은 아내에게 사람을 보내, "당신 나라의 북과 뿔피리를 부숴 버린다면 당신을 맞이하겠소."라고 했어요. 낙랑에는 적이 쳐들어오면 스스로 소리를 내는 북과 뿔피리가 있어, 고구려가 낙랑을 정복하기 어려웠거든요. 낙랑의 공주는 남편의 말을 따라 북을 찢고 뿔피리 입을 베었어요. 드디어 고구려군이 낙랑을 공격했어요. 낙랑군은 고구려군이 성 아래까지 온 뒤에야 북과 뿔피리가 모두 부서진 것을 알았어요. 낙랑은 항복할 수밖에 없었어요.

### 평강 공주와 바보 온달

25대 평원왕에게는 울보 딸이 있었어요. 하도 울어서 바보 온달에게 시집보낸다고 왕이 놀렸어요. 가난한 온달은 누더기를 입고 밥을 빌어 눈먼 어머니를 모셨어요. 그래서 사람들은 '바보 온달'이라고 놀렸지요.
공주가 자라자 왕은 공주를 귀족한테 시집보내려 했어요. 온달에게 시집보내겠다고 하고 다른 데로 가는 것은 옳지 않다며 공주가 거절했어요. 결국 공주는 쫓겨났어요. 공주는 온달을 찾아가 결혼하자고 했어요. 온달은 "그대는 분명 여우가 아니면 귀신이다."라며 가 버렸어요. 공주가 다시 찾아가 차분히 이야기하자 그제야 온달은 공주와 결혼을 했어요.
공주의 팔찌와 목걸이를 팔아 집을 사고 소와 말을 샀어요. 공주와 온달은 수척한 말을 사 정성껏 길러 건강한 말로 만들었어요. 낙랑 언덕에서 사냥 대회가 열렸을 때, 온달은 이 말을 타고 나갔어요. 누구보다 빨리 달려 많은 짐승을 잡았어요. 그러자 왕이 이름을 물었어요. 온달이라고 답하자 왕은 깜짝 놀랐어요. 장군이 된 온달은 그 뒤 전쟁에 나갔고 가장 앞장서 적을 무찔렀어요. 드디어 왕은 "이 사람이 바로 나의 사위다."라며 자랑했어요.
온달은 신라에게 빼앗긴 고구려 땅을 찾고자 싸움터로 나섰어요. 그러다 아단성에서 화살을 맞고 죽고 말았어요. 그런데 그의 관이 꼼짝하지 않아 옮길 수가 없었어요. 그때 공주가 달려와 관을 어루만지며 "삶과 죽음이 이미 정해졌으니 이제 돌아가세요." 하며 울자 마침내 관이 움직였어요.

# 강한 사람이 아름답다

산이 많고 험한 자연환경에서, 여러 나라의 공격을 늘 대비해야 했던 고구려 사람들에게는 강한 몸과 마음이 아주 중요했어요. 고구려 사람들은 무예를 중히 여기고 높이 받들었어요. 중국의 역사책에 '고구려 사람들은 성미가 급하고 기력이 있고 전투를 연습한다.', '걷는 것이 달리는 것과 같다.'고 했어요. 외세의 침입에 한 번도 굴복하지 않는 힘과 고구려가 세상의 중심이라는 생각은 이런 강한 몸과 마음에서 비롯했어요.

**무예를 높고 소중히 여기는 고구려**

몸집이 크고 단단한 사람들이 마주 보며 맨손으로 대결을 펼쳐요. 수박희라는 무술이에요. 고구려 고분 벽화에 수박희 모습이 여러 곳에 등장해요. 강한 사람을 높게 여기던 고구려는 훈련으로, 놀이로, 때로는 하늘의 제사를 지낼 때도 무예를 중요하게 여겼어요. 고구려의 학교 태학, 경당에서도 글만 가르치지 않고 무예와 활쏘기를 배웠다고 해요.

# 여유로운 고구려 생활

### 귀족들이 사는 기와집

고구려 귀족들의 집에는 넓은 정원이 있었어요. 정원은 연꽃이 피는 연못도 있고, 심지어 말을 타고 활쏘기를 할 수 있을 정도로 넓었어요. 귀족들의 집은 바깥채와 안채로 나뉘어졌어요. 고구려만의 특별한 무늬가 새겨진 붉은 기와를 얹은 기와집이었어요. 안에서는 의자나 평상을 두고 생활했어요. 신발을 신고 생활하다가 쉬거나 잠을 잘 때는 신발을 벗고 평상을 썼어요.

### 새의 깃털을 머리에 꽂은 고구려 사람들

무덤 벽화로 고구려 사람들이 어떤 옷을 입고 어떤 치장을 했는지 살펴볼 수 있어요. 남자나 여자 모두 긴 저고리에 헐렁한 바지를 입었어요. 여자들은 바지 위에 치마를 입었어요. 귀족 부인은 주름치마를 입고 화려한 머리를 했어요. 남자는 머리에 관을 썼는데 새의 깃털이나 깃털 모양의 장식을 꽂았어요. 점무늬 옷이나 다양한 색의 옷을 입은 사람도 있어요. 고구려의 염색 기술이 발달했다는 것을 알 수 있지요.

### 고기를 좋아한 고구려 사람들

벽화에는 디딜방아가 있어요. 쌀이나 조를 찧어서 먹었겠지요. 밥을 하려면 방아를 찧어 큰 시루에 쪘어요. 집 안에 고깃간이 있는 것으로 보아 사냥을 좋아하던 고구려 사람들은 고기를 좋아했을 거예요. 중국 기록에 고구려 사람들은 장과 술을 잘 빚었다고 해요. 소금과는 다른 장이 있어 깊은 맛을 즐길 수 있었어요. 잘 빚은 장에 고기를 재워 구워 먹는 맥적은 고구려의 특별한 음식이었어요. 고구려에서는 입이 넓고 배가 볼록하고 양쪽에 손잡이가 세로로 달린 저장용 그릇으로 썼다고 해요.

### 과학을 이용한 편리한 생활

고구려 사람들은 집 안 곳곳을 편리하게 썼어요. 먹을 것을 두는 창고는 음식이 상하지 않도록 바람이 잘 통하게 높이 지었어요. 집 안에 우물이 있는데, 줄을 매달아 과학 원리를 이용해 힘을 덜 들이고 물을 긷는 지혜로움도 엿볼 수 있어요. 북쪽에 위치한 고구려는 겨울 추위를 이기기 위해 온돌을 두었어요. 온돌은 지금까지 내려오는 우리의 전통 난방 장치예요. 귀족들은 수레를 타고 다녔어요. 수레를 끄는 소와 사냥하는 말은 마치 지금의 주차장처럼 집에 있는 마구간과 외양간에 두었어요.

## 미천왕이 된 소금 장수 을불

고구려 15대 미천왕의 이름은 을불이에요. 을불은 미천하게 떠돌다 왕이 되었어요.
큰아버지 봉상왕은 동생이 왕의 자리를 노린다고 의심해 죽게 했어요. 이때 봉상왕은 조카 을불도 없애려
했어요. 을불은 미리 알고 신분을 숨기고 도망쳤어요.
을불은 머슴이 되었어요. 성질 고약한 주인은 을불을 못살게 굴었어요. 밤에 개구리가 울어 못 잔다며
을불에게 밤새도록 연못에 돌을 던지라 했어요. 낮에 농사일로 지친 을불은 너무 힘들었어요.
을불은 머슴살이를 그만두고 소금 장수가 되었어요. 하루는 한 할머니의 집에 머무는데 하룻밤 자는
값으로 턱없이 많은 소금을 내라고 했어요. 다음 날이 되자 소금을 더 내라고 떼를 썼어요. 을불이
거절하자 할머니는 을불의 짐에 자기 신발을 몰래 숨기고 도둑으로 몰았어요. 을불은 소금을 빼앗기고
매를 맞았어요. 결국 을불은 거지가 되어 떠돌았어요.
이 무렵 고구려에는 흉년이 들어 백성들이 굶주렸어요. 봉상왕은 아랑곳하지 않고 세금을 마구 걷었어요.
국상 창조리가 말렸지만 소용없었어요. 창조리는 을불을 새로운 왕으로 세워 고구려를 구하기로
결심했어요. 온 나라를 뒤져 기어이 을불을 찾아냈어요.
봉상왕이 사냥을 나간 날, 창조리는 뜻이 통할 만한 신하들을 모아 놓고 말했어요. "이제 때가 되었소.
함께할 사람은 나처럼 하시오."라며 모자에 갈대를 꽂았어요. 듣던 신하들 모두 갈대를 꽂았어요.
그길로 봉상왕은 쫓겨났고 을불이 왕이 되었어요. 머슴, 소금 장수, 거지였던 을불은 왕이 되어 영토를
넓히고 나라를 안정시키는 훌륭한 왕이 되었어요.

# 화려한 귀족들의 생활

고구려의 귀족들은 크고 넓은 집에서 하인들을 거느리고 화려하게 생활했어요. 기와집에서 살면서 풍성하고 다양한 색깔의 옷을 입고 쌀밥과 고기를 먹었다고 해요. 온돌이 있어 겨울에는 따뜻하게 지냈어요. 손님과 차를 나누는 고분 벽화를 보면 고구려 사람들의 여유로운 생활을 알 수 있어요.

## 수레를 타고 다니는 고구려 사람들

고구려 사람들은 무예를 높이 여기고 예술과 문화도 사랑했어요. 튼튼한 성을 쌓고 강한 무기를 만드는 기술, 수레를 이용하고 별자리를 읽는 과학 기술도 지녔어요. 고구려 사람들은 어우러져 놀이와 음악을 즐겼어요. 남자와 여자는 자유롭게 만나 사랑을 할 수 있었어요.

### 큰 사람, 작은 사람

고구려 벽화에는 많은 사람들이 등장해요. 이 사람들을 비교해 보면 사람의 크기가 달라요. 무덤의 주인으로 보이는 사람이나 그의 아내, 귀족으로 보이는 사람의 크기는 크고, 이들을 따르는 하인들은 작아요. 신분이 높은 사람은 크게, 낮은 사람은 작게 표현했지요. 고구려가 신분이 나눠진 사회라는 것을 알 수 있어요. 큰 사람들은 좋은 옷을 입고 머리치장도 화려해요. 신분에 따라서 입는 옷이나 사는 집의 차이가 있어요.

### 사위의 집, 서옥의 결혼

고구려에는 '서옥제'라는 특별한 결혼 풍습이 있어요. '서옥'이란 '사위 서(壻)', '집 옥(屋)'이란 한자 말로 '사위의 집'이라는 뜻이에요. 사위가 될 사람이 여자 집으로 와, 자신의 이름을 알리고 무릎을 꿇고 절하면서 결혼하기를 세 번 원해요. 여자의 부모가 이 소리를 듣고 결혼을 허락하면 신랑은 집 뒤에 마련한 작은 집, '서옥'에 들어 신부와 첫날밤을 보내요. 남자는 다음 날 혹은 며칠을 머물다 떠나고, 신부는 자녀를 낳고 이 아이가 자라면 비로소 남자 집으로 가요.

### 고구려 사람의 자가용, 수레

고구려 사람들은 수레를 많이 탔어요. 남자 수레, 여자 수레, 짐수레가 따로 있었어요. 귀족 집에는 수레를 두는 차고가 있었어요. 수레의 바퀴는 쇠로 만들었다고 짐작해요. 쇠를 둥글게 굴리고 바큇살을 만드는 기술은 철을 다루는 섬세한 기술과 과학 지식이 바탕이 되어야 해요. 수레가 있어 많은 물건이 오가기도 편리했어요. 오히려 조선 시대에는 수레가 흔하지 않았어요. 그래서 박지원이 중국 청에서 수레를 보고 조선에도 수레가 있다면 백성들의 생활에 도움이 될 것이라고 주장했어요.

### 풍요로운 고구려

고구려 사람들은 죽은 다음에도 살았을 때와 똑같이 생활한다고 여겼어요. 그래서 살아서 행복했던 모습을 무덤 벽에 그렸어요. 무덤 안에 기둥과 들보를 세워 귀족의 저택처럼 꾸미기도 했어요. 벽에는 나들이 가는 모습, 사냥하고 놀이하는 모습뿐 아니라 집 안 곳곳에서 생활하는 모습도 그렸어요. 이 그림을 통해서 고구려 사람들이 얼마나 풍요롭게 살았는지 알 수 있어요.

# 지혜로운 건축가, 고구려 사람들

어떤 공격에도 끄떡하지 않는 성을 쌓는 고구려 사람들은 뛰어난 건축 기술자였어요. 이런 기술은 생활에서도 발휘되었어요. 북쪽의 추운 날씨를 이겨 내기 위한 난방 시설을 만들었어요. 돌을 쌓아 만든 무덤은 웅장한 겉모습뿐 아니라 무덤 안도 마음껏 솜씨를 부려 꾸몄어요.

### 고구려의 특별한 난방 시설, 온돌

고구려에는 온돌이라는 특별한 난방 시설이 있었어요. 온돌은 우리 고유의 지혜로운 난방 시설이에요. 특히 추운 지역인 고구려에서 발달했어요. 온돌은 뜨거운 불기운이 지나가는 길, 고래를 만들고 그 위에 구들장을 덮고, 아궁이에 불을 때는 방법이에요. 따뜻한 기운이 잘 퍼지고 오래가게 하려면 온돌을 잘 놓는 정교한 기술이 필요해요. 고구려의 온돌은 방 한쪽에 'ㄱ' 자 모양으로 만들었어요. 오녀산성 유적지, 서울 아차산 고구려 군사 유적지에서도 온돌의 흔적이 발견되어 고구려에서 온돌을 널리 썼다는 것을 알 수 있어요.

### 고구려의 기단식 돌무지무덤

고구려 사람들은 돌을 쌓아 무덤을 만들었어요. 처음에는 돌을 그냥 높이 쌓았어요. 그러다 반듯하게 깎은 돌을 한 단 깔고 그 위에 돌을 쌓았어요. 이런 방법이 점점 발전해 큰 돌을 위로 갈수록 좁아지도록 쌓아 피라미드 모양으로 만들었어요. 이렇게 무덤을 만들려면 돌을 갈아서 다듬고, 옮기고, 무너지지 않도록 쌓아 올리는 기술이 필요해요. 장군총은 1100여 개의 큰 돌로 7단을 쌓았어요.

### 고구려의 하늘, 천장

옛 사람들의 무덤을 보면 그때 사람들의 생각을 알 수 있어요. 고구려 사람들의 생각을 무엇보다 잘 드러낸 것은 고분 천장이에요. 하늘 세상을 그린 천장 벽화는 고구려 사람들이 스스로를 세상의 중심이라 생각했다는 것을 알 수 있어요. 천장의 모양은 고구려의 독특한 방식이에요. 커다란 돌을 2단, 3단으로 엇갈리게 올려 쌓았어요. 모줄임천장이라고 해요.

### 능, 총, 묘, 고분, 원은 무엇일까?

모두 무덤을 뜻하는 말이에요. 보통 묻힌 사람에 따라 끝에 붙이는 말이 달라져요. 태릉, 정릉처럼 왕이나 왕비의 무덤은 아주 커서 마치 언덕 같다고 언덕 '능'을 붙여요. 누구의 무덤인지 모르지만 특별한 유물, 벽화가 있으면 '총'이라고 해요. 무용하는 벽화가 있어 무용총, 천마가 그려진 유물이 나온 천마총이 있어요. 김유신 장군묘처럼 주인을 알 수 있는 무덤을 '묘'라고 해요. '고분'은 고대 국가가 만들어진 뒤의 무덤을 말해요. '원'은 소현 세자의 소경원, 사도 세자의 현륭원처럼 세자나 세자비, 후궁들의 무덤이에요.

# 흥겹고 아름다운 고구려

### 신기한 재주놀이 구경

수산리 고분 벽화에는 귀족 부부가 나들이 하는 장면이 그려져 있어요. 시녀가 받치는 커다란 일산을 쓴 부인의 얼굴에는 옅은 미소가 느껴져요. 아마도 이들 앞에서 벌어지는 재주놀이 때문이겠죠. 몸을 한껏 젖히고 공으로 재주를 부리는 사람, 바퀴를 공중으로 던져 한 손으로 받는 묘기를 부리는 사람, 긴 막대를 신고 장대걸음을 하며 멋진 포즈를 취하는 재주꾼들이 흥미로워요.

### 멋쟁이 음악가, 고구려 악사

고구려 고분 벽화에 등장하는 악기 종류는 30가지가 넘는다고 해요. 현악기, 타악기, 관악기가 모두 있어요. 뿔 나팔이 가장 많고 거문고, 북, 퉁소, 완함, 장고들이에요. 악기는 놀이에도 빠지지 않지만 군대 행진 때, 장례 때도 등장해요. 안악 3호분에 등장하는 귀족 행렬도에는 군대와 함께 행진하며 악기를 연주하는 취악대만 200명이 넘어요. 신라에서 김유신이 죽자, 왕이 장례를 위해 내린 악사가 100명이라는 기록이 있어요. 이와 비교하면 귀족 행렬에 두 배가 넘는 악사들의 등장은 고구려의 힘을 알게 해요.

### 나풀나풀 춤추는 고구려 춤꾼들

고구려 춤꾼들은 벽화 속에서 여러 가지 동작으로 춤을 추어요. 혼자서도 추고 여럿이 어울려 추기도 해요. 몸동작만으로 춤을 추기도 하고, 무예를 높게 여기던 고구려답게 창이나 칼을 들고 춤을 추기도 해요. 뿔 나팔을 들고 연주하는 사람의 모습도 마치 춤을 추는 듯 보여요. 무용총의 그림은 점무늬 긴소매 옷을 똑같이 입고 춤을 추는 무용수들의 늘어진 소매와 팔을 멋지게 표현했어요.

### 모두 어울리는 축제, 동맹

고구려는 10월에 동맹이라는 흥겨운 축제를 열었어요. 한 해 동안 농사를 잘 지어 거둬들이고 하늘에 제사를 지내는 날이에요. 큰 동굴 앞에서 하늘에 제사를 지내고 나무로 만든 여신상을 물가로 가지고 와 제사를 지냈어요. 아마도 동굴 제사는 하늘의 자손이며 고구려를 연 주몽에게 감사를 올리는 제사고, 물가 제사는 주몽의 어머니이자 물 신의 딸 유화 부인에게 드리는 제사라고 짐작해요. 성스러운 제사를 마치면 온 백성들이 노래하고 춤추며 풍요로운 수확을 즐겼다고 전해져요.

### 검은 학을 춤추게 한 왕산악

고구려의 왕산악은 중국 진에서 온 칠현금을 바탕으로 새로운 악기 거문고를 만들었어요. 왕산악이 새로 만든 악기 거문고로 100여 곡을 지어 연주했더니 아름다운 소리에 검은 학이 날아와 춤을 추었다고 해요. 그래서 사람들은 새로 만든 악기를 '검은 학의 현악기'라고 '현학금'이라고 했어요. 안악 3호분, 무용총 벽화에도 거문고 그림이 있어요.

### 음악과 춤을 즐기는 고구려 사람들

고구려 사람들은 사냥 못지않게 음악과 춤을 즐겼어요. '무용총' 벽화에는 이름처럼 무용을 하는 춤꾼이 긴소매의 옷을 입고 춤을 추는 모습이 생생하게 그려져 있어요. 다른 벽화에는 가수도 있고 악기를 연주하는 사람도 있어요. 공이나 막대를 높이 띄우거나 긴 장대 위에 서서 곡예를 부리는 재주꾼들도 있지요. 고구려 사람들이 문화를 즐기는 마음이 고스란히 전해져요.

## 축제와 장례를 장식한 춤과 음악

음악과 춤, 재주놀이 같은 다양한 문화를 즐긴다는 것은 고구려가 모든 면에서 풍요로웠다는 증거예요. 가깝게는 중국, 몽골, 멀리는 서역과 활발히 교류해 그들의 문화를 받아들였다고 할 수 있어요. 외국의 문화를 받아들여 고구려다운 문화로 발전시켜, 여유롭게 즐기고 또 새로운 문화를 만들어 이웃 나라에 전했어요. 춤과 음악은 고구려 사람들에게 즐거운 놀이뿐 아니라 사람이 죽어 장례를 지낼 때도 빠지지 않는 문화였어요.

## 뛰어난 예술가, 고구려 사람

고구려 사람들이 어떤 춤을 추고 어떤 놀이를 했는지 알 수 있는 것은 고구려 벽화 덕분이에요. 벽화 속 그림은 하나하나 생생하게 살아 있을 뿐 아니라 뛰어난 예술 감각이 깃들어 있어요. 고구려 사람들은 이런 벽화를 어떻게 그렸을까요?

### 넓고 넓은 상상의 세계

벽화가 그려진 무덤은 지금까지 발견된 것만도 100여 개예요. 무덤으로 들어가는 문을 열고 널길이라는 복도를 지나면 옆방이 나오고, 또 이음길을 지나면 관이 모셔진 널방이 나와요. 널길, 옆방, 이음길, 널방 거의 모든 곳에 벽화가 그려져 있어요. 벽화에는 고구려 사람들이 어떻게 살았는지 실제 모습들만 있지 않아요. 갖가지 신들, 상상의 동물, 희귀한 식물, 신화가 가득해요. 이런 그림들을 보면 고구려 사람들의 상상의 세계는 그 끝을 알 수 없을 정도로 넓어요. 고구려 고분 벽화를 누가 그렸는지 알 수는 없어요. 그러나 고구려 사람들의 끝이 없이 넓은 상상 세계를 그림이라는 예술로 만들어 낸 사람은 분명 뛰어난 예술가가 틀림없어요.

#### 벽 만들기
돌로 쌓은 무덤 벽에 그림을 그리기 위해서 벽을 평평하게 만들어야 해요. 모래와 석회를 섞어서 벽을 여러 번 발라요. 그다음에는 밑그림을 그려요. 밑그림을 바탕으로 색을 칠해요.

#### 물감 만들기
지금처럼 페인트나 물감처럼 색을 표현할 것이 없던 고구려에서는 자연에서 물감을 구했어요. 돌이나 흙, 풀, 나무, 조개껍데기들을 갈고, 끓이고, 가라앉혀 안료라는 물감을 만들어요.

#### 고구려의 혼을 담아 그리기
수많은 사람, 집, 동물, 식물, 군사, 놀이, 갖가지 신들, 별자리까지 셀 수 없을 정도로 다양한 모습들을 그려요. 살아 있는 듯이 생생하고 꼼꼼하게 그리고 무척 아름답게 그려요. 그림 하나하나에는 고구려 사람들의 혼이 담겨 있어요.

# 세계로 뻗어 간 고구려

고구려는 스스로가 세상의 중심 나라라고 생각했어요. 이런 생각을 뒷받침하는 앞선 문화도 지녔어요. 고구려는 가까운 나라는 물론이고 먼 나라까지 사신을 보내며 교류를 했어요. 고구려의 앞선 문화는 신라, 일본(왜)까지 영향을 주었어요.

## 멀리까지 간 고구려의 발자취

사마르칸트는 지금의 우즈베키스탄의 중심 도시예요. 동쪽과 서쪽을 잇는 무역의 중심지였어요. 여기에 있는 아프라시압 궁전 벽화에는 고구려 사람 그림이 있어요. 손잡이가 동그란 환두도를 차고 머리에 깃털을 꽂은 조우관을 쓴 고구려 사신이에요. 고구려는 가까운 나라만이 아니라 먼 나라와도 교류하며 사신을 보냈어요.

## 이웃 나라에 불교를 전하다

고구려 승려 묵호자와 아도는 신라에 불교를 전했어요. 고구려와 맞닿은 신라 북쪽 지방에 불교가 먼저 퍼지기 시작했어요. 고구려의 불교는 일본까지 전해졌어요. 고구려 승려 혜자는 일본 왕자의 선생님이 되었어요. 일본이 불교를 받아들이고 고구려의 앞선 문화를 받아들이게 도와주었어요.

## 중국까지 알려진 고구려의 공연 예술

악기를 연주하고 재주를 부리고 춤을 추는 고구려 예술가들은 중국 수, 당에 초청을 받아 공연을 했어요. 이 공연을 고구려악, 고려악이라고도 하는 '고구려기'라고 해요. 다른 나라의 문화를 자주적으로 받아들여 새롭게 창조한 고구려 음악 공연 예술은 해외까지 고구려의 높은 문화 수준을 자랑했어요.

## 바다를 건너간 고구려의 주름치마

고구려의 뛰어난 예술은 일본까지 퍼졌어요. 고구려와 비슷한 때에 만들어졌다고 보는 일본 다카마쓰 고분에서, 고구려 수산리 벽화에 그려진 귀족 여인의 치마와 똑 닮은 주름치마를 입은 여인의 벽화가 발견되었어요. 불타 버렸지만 일본 나라 호류사 금당 벽화에는 고구려 화가 담징이 그렸다는 벽화가 있었다고 해요. 담징은 일본에 유학과 불교를 알렸으며 종이, 먹 만드는 법도 가르쳐 주었어요.

## 일본 고분 천장에 새겨진 고구려 별자리

일본 키도라 고분에도 벽화가 있어요. 해와 달, 사신, 12지신들을 그렸어요. 천장의 천문도에 별자리가 그려졌어요. 이 별자리는 일본 하늘에서 본 별자리가 아니라 고구려에서 본 별자리예요. 고구려의 영향을 받아 고구려의 별자리를 그대로 새겨 넣었다는 뜻이지요.

# 하늘의 자손 고구려

### 둥근 해 속, 세 발 까마귀

벽화에는 삼족오와 두꺼비를 그린 동그라미가 있어요. 세 발 달린 까마귀, 삼족오가 그려진 동그라미는 해를, 네 다리를 활짝 편 두꺼비가 그려진 동그라미는 달을 뜻해요. 또 다른 벽화에는 남자 신은 해를, 여자 신은 달을 든 모습이에요. 해는 무덤의 동쪽에, 달은 서쪽에 그려졌어요. 해와 달과 함께 벽화에 많이 등장하는 무늬는 구름이에요. 휘감기도 하고 춤을 추는 듯도 한 구름무늬는 고구려 벽화에서 볼 수 있는 모양이에요.

### 고구려 사람들에게 소중한 신

무덤의 천장 벽화에는 고구려 사람들이 생각한 하늘 세계가 펼쳐져요. 하늘 세계에는 여러 신들이 있어요. 손에 불을 쥔 불의 신, 소의 얼굴을 하고 곡식을 든 농업의 신, 바퀴를 굴리는 수레의 신, 철을 제련하는 대장장이의 신들이에요. 이런 신들을 통해서 고구려 사람들이 농사, 수레, 철, 불을 얼마나 중요하게 여겼는지를 보여 주어요.

### 하늘에 사는 상상의 동물

무덤 천장에는 하늘 세계에 사는 짐승이나 나무들도 있어요. 땅에 있는 짐승이 아닌 상상의 동물들이에요. 이 동물들은 죽은 사람의 영혼을 하늘 세계로 이끈다고 해요. 하늘을 나는 말 천마, 날아다니는 물고기 비어, 사람의 얼굴을 한 새 인면조가 있어요. 사람 머리에 짐승 몸을 한 성성은 사람의 말을 알아듣고 하늘과 교감한다고 생각했어요. 두 개의 사람 머리를 지닌 네발 달린 짐승 지축도 있어요. 모두 고구려 사람들의 상상력이 만든 갖가지 짐승들이에요.

### 돌에 새긴 고구려의 별

천장의 하늘 세계에는 별자리가 선명해요. 북쪽에 북두칠성, 남쪽에 남두육성, 서쪽에 삼벌육성, 동쪽에 심방육성을 사신과 함께 그렸어요. 별자리는 정확한 관찰로 그려졌어요. 별이 8개인 북두칠성도 있는데, 맨눈으로는 관찰하기 힘든 '보성'까지 그려 넣었기 때문이에요. 또 밝기에 따라서 크기도 다르게 표현했어요. 천체 망원경도 없던 때에 놀라운 관찰 능력이에요. 고구려가 관측한 하늘은 돌에 새겨져 천문도로 만들어졌어요. 안타깝게도 지금은 남아 있지 않아요. 다만 조선 시대 만든 '천상열차분야지도'가 고구려의 천문도를 바탕으로 그렸다는 기록이 남아 있어요.

## 고구려는 동북아시아의 으뜸 나라

건국 신화에서 주몽은 하늘 신의 아들이에요. 고구려 사람들은 주몽처럼 자신들은 하늘의 자손이라고 여겼어요. 하늘 자손 고구려는 누구의 지배를 받지 않는 으뜸 나라라고 생각했어요. 고구려의 용맹한 힘은 하늘의 자손이라는 생각에서 나왔어요. 고구려 사람들은 죽으면 몸은 사라지지만 영혼은 조상들이 사는 하늘 세계로 가, 영원한 삶을 사는 신선이 된다고 믿었어요. 죽음이 끝이 아니라 또 하나의 시작이라고 생각했어요.

## 고구려를 지키는 사신

동서남북 네 방향을 각각 지키는 청룡, 백호, 주작, 현무가 사신이에요. 고구려 사람들은 사신이 죽은 이를 이끄는 안내자이자 사악한 기운을 막아 내는 수호신이라고 여겼어요. 그래서 고구려 고분 벽화에는 사신이 많이 그려져 있어요. 특히 고구려 후기 무덤에는 커다란 사신들을 동서남북에, 천장 중심에는 황룡을 그렸어요. 또한 무덤 천장에 다양한 신들과 별자리를 그려 죽은 이가 가는 하늘 세계를 표현했어요.

# 700여 년을 이어 온 우리 역사, 고구려

고구려는 주몽이 나라를 연 뒤, 28명의 왕이 이어 갔어요. 고구려는 강한 군사를 지닌 나라, 앞선 문화와 예술을 자랑했던 나라, 호방하고 흥겹게 여유로운 삶을 즐겼던 나라였어요. 넓고 넓은 영토를 차지하고 높고 깊은 문화를 자랑하던 고구려는 동아시아 중심에 우뚝 섰던 나라였어요. 어떤 강한 군대의 공격도 하나로 뭉쳐 막아 냈던 고구려에게도 마지막이 있었어요. 높은 권력자들이 서로 갈라져 권력을 독차지하려고 싸우는 틈을 당과 손을 잡은 신라가 파고들었어요. 결국 고구려 700여 년 역사는 막을 내렸어요.

그러나 고구려는 사라지지 않았어요. 고구려의 왕족 안승은 검모잠과 함께 고구려 부흥 운동을 일으켰어요. 비록 부흥은 실패했지만 쉽게 사라지지 않는 고구려의 힘을 보였어요. 고구려의 유민 대조영은 발해를 세워 통일 신라와 함께 남북조 시대를 이끌며 고구려의 정통성을 이어 갔어요. 당으로 끌려간 고구려 유민들 가운데 이정기는 자신의 세력을 키워 '제'라는 독립된 나라를 만들기도 했어요. 고구려 사람답게 말타기와 활쏘기를 잘했다는 고선지는 당의 장수가 되어 큰 공을 세웠어요. 사라지지 않는 고구려의 정신은, 이름까지 이어받은 왕건의 고려로 이어졌어요.

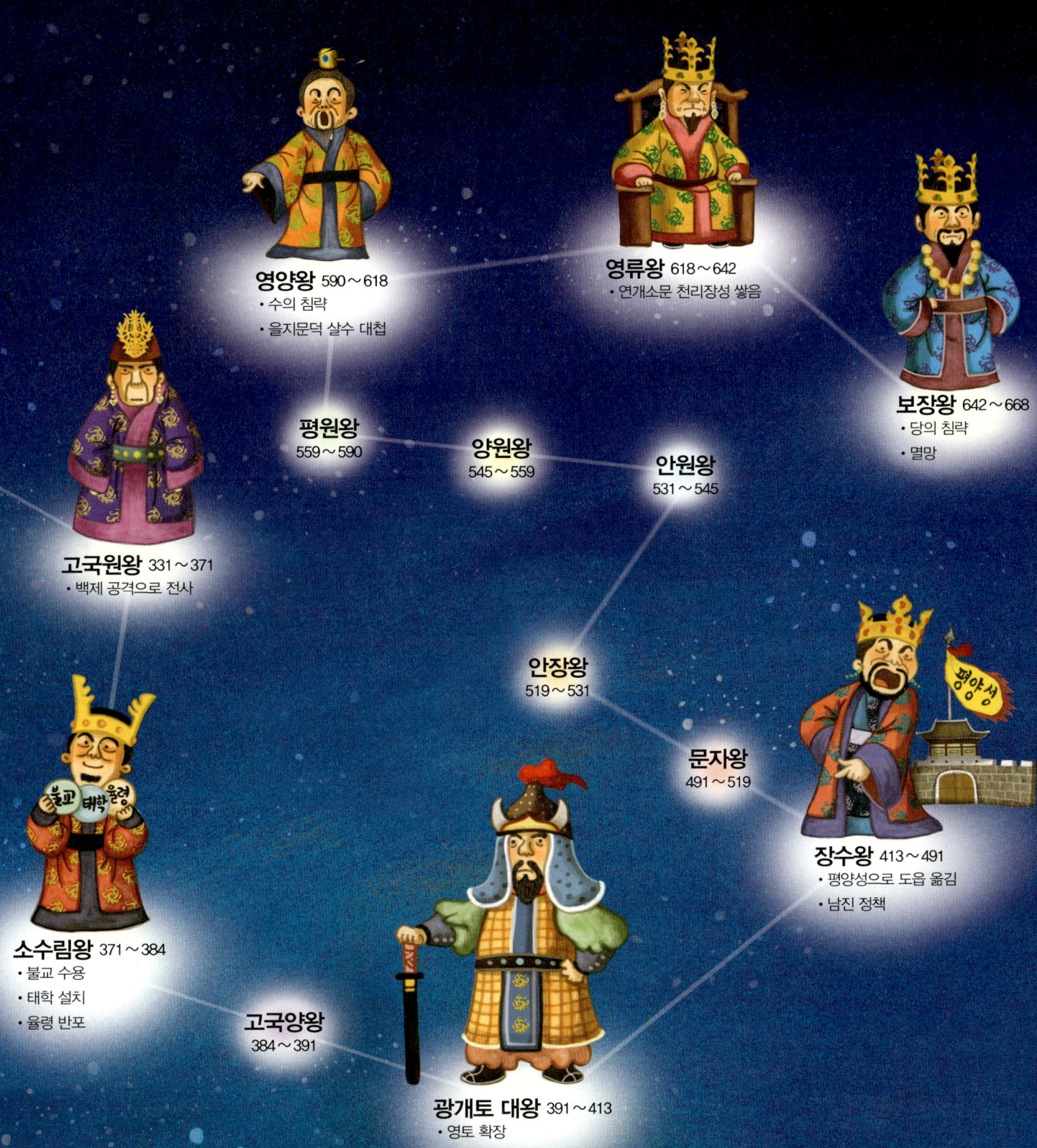